BEI GRIN MACHT SICH IHR WISSEN BEZAHLT

- Wir veröffentlichen Ihre Hausarbeit, Bachelor- und Masterarbeit

- Ihr eigenes eBook und Buch - weltweit in allen wichtigen Shops

- Verdienen Sie an jedem Verkauf

Jetzt bei www.GRIN.com hochladen und kostenlos publizieren

Bibliografische Information der Deutschen Nationalbibliothek:

Die Deutsche Bibliothek verzeichnet diese Publikation in der Deutschen Nationalbibliografie; detaillierte bibliografische Daten sind im Internet über http://dnb.d-nb.de/ abrufbar.

Dieses Werk sowie alle darin enthaltenen einzelnen Beiträge und Abbildungen sind urheberrechtlich geschützt. Jede Verwertung, die nicht ausdrücklich vom Urheberrechtsschutz zugelassen ist, bedarf der vorherigen Zustimmung des Verlages. Das gilt insbesondere für Vervielfältigungen, Bearbeitungen, Übersetzungen, Mikroverfilmungen, Auswertungen durch Datenbanken und für die Einspeicherung und Verarbeitung in elektronische Systeme. Alle Rechte, auch die des auszugsweisen Nachdrucks, der fotomechanischen Wiedergabe (einschließlich Mikrokopie) sowie der Auswertung durch Datenbanken oder ähnliche Einrichtungen, vorbehalten.

Impressum:

Copyright © 2019 GRIN Verlag
Druck und Bindung: Books on Demand GmbH, Norderstedt Germany
ISBN: 9783668938526

Dieses Buch bei GRIN:

https://www.grin.com/document/465811

Sarah Sabukoschek

Was ist Glück?

Philosophischer Essay

GRIN Verlag

GRIN - Your knowledge has value

Der GRIN Verlag publiziert seit 1998 wissenschaftliche Arbeiten von Studenten, Hochschullehrern und anderen Akademikern als eBook und gedrucktes Buch. Die Verlagswebsite www.grin.com ist die ideale Plattform zur Veröffentlichung von Hausarbeiten, Abschlussarbeiten, wissenschaftlichen Aufsätzen, Dissertationen und Fachbüchern.

Besuchen Sie uns im Internet:

http://www.grin.com/

http://www.facebook.com/grincom

http://www.twitter.com/grin_com

DIPLOMARBEIT

Ausbildungslehrgang Dipl. Mentailtrainer/In
2018/2019

geschrieben von Sarah Julia Sabukoschek

Was ist Glück? Philosophischer Essay

Was ist Glück überhaupt? Kann jeder Mensch glücklich sein? Kann ich mein persönliches Glück beeinflussen? Kann ich es messen? Wie entsteht Glück in meinem Körper und welchen Effekt hat es auf ihn?

Diese und noch viel mehr Fragen beschäftigen uns Menschen wohl am häufigsten. Schließlich streben wir doch in der Tiefe unserer Herzen alle nach Glück und Zufriedenheit oder? Aber was macht uns überhaupt glücklich und ist das für alle gleich oder individuell?

Zunächst möchte ich aber den Begriff Glück etwas näher beleuchten: Nun gibt es sehr verschiedene Auffassungsmöglichkeiten des Begriffs „Glück". Zum einen spricht man von „Zufallsglück" oder „Glück haben". Das beschreibt dann Situationen, in denen meist mehrere besonders günstige Umstände aufeinandertreffen und eine Situation entsteht, die mir zum Beispiel einen unerwarteten Vorteil verschafft. Diese Art von Glück ist eher von zufälliger Natur, insofern man an Zufälle glauben möchte.

Meine Arbeit befasst sich aber mit der anderen Seite des Glücks. Laut deutschem Duden ist Folgendes die Definition dafür:

Eine angenehme, freudige Gemütsverfassung, in der man sich befindet, wenn man in den Besitz oder Genuss von etwas kommt, was man sich gewünscht hat; oder auch ein Zustand der inneren Befriedigung und Hochstimmung.[1]

Laut dieser Definition ensteht bei mir die Frage, ob man demnach nur glücklich sein kann, wenn man gewisse Dinge von außen bekommt. Ansonsten bleibt man für immer unglücklich? Studien beweisen, dass dem nicht so ist. Warum sollten denn sonst Menschen unter ärmlichen Umständen glücklich sein können während andere, die fast alles besitzen noch immer unglücklich sind und nach noch mehr Besitztümern streben um inneres Glück zu erreichen?

Ich persönlich denke, dass es zwar so ist, dass das menschliche Glück auch mit äußeren Umständen zusammenhängt, aber dass der größte Teil im Inneren, in uns selber entsteht. Solange unsere Grundbedürfnisse, so wie Essen, Trinken, schlafen, wohnen, soziale Sicherheit etc gedeckt sind, dann hat jeder von uns die Möglichkeit glücklich zu sein.

Glücklich sein hängt für mich auch stark mit Zufriedenheit zusammen. Was nützt mir ein noch schnelleres, stylischeres, größeres Auto, wenn ich damit noch immer nicht zufrieden bin? Eigentlich gar nichts, weil das Unterbewusstsein immer auf der Suche nach mehr ist. Und wer auf der Suche nach etwas anderem ist, signalisiert sich selber doch, dass das was man gerade besitzt, lebt, erlebt noch nicht gut genug ist, sondern nur eine Notlösung quasi. Und wer von uns gibt sich denn gerne mit einer Notlösung zufrieden, wenn es auch ein „Ideal" gäbe?

Die Frage ist nun, gibt es dieses Ideal? Ich denke nicht. Es geht auf jeden Fall immer *anders* aber ob dies besser oder schlechter ist, liegt immer noch in unserer subjektiven Bewertung dieser Situation. Deswegen müssen wir lernen, dass wir zufrieden sind mit dem was wir haben. Denn wer zufrieden ist, und sich selber regelmäßig die schönen und guten Dinge im Leben bewusst ist, oder es sich bewusst macht, der ist nicht ständig auf der Suche nach mehr. Wer immer auf der Suche nach mehr ist, der lebt auch nicht im hier und jetzt sondern irgendwo zwischen seiner Traumvorstellung und der verzweifelten Suche nach einem nicht vorhandenem Ideal.

Wir Menschen tendieren aber dazu, immer nur das zu sehen, was unser Leben noch besser machen könnte. Wir versuchen verzweifelt die 100% zu erreichen und obwohl wir uns schon bei 70% befinden sehen wir ständig nur diese 30% die uns noch fehlen. Anstatt einfach mal den Fokus auf die 70% zu legen, die wir ja schon haben, und 70% ist ja immerhin mehr als das doppelte als jene 30% die uns in dem Fall noch fehlen.

Der Fokus auf gewisse Dinge, früher war es das Wesentliche, das Überlebensnotwendige, kommt schon aus der Urzeit. Das Gehirn des Urmenschen musste Informationen aus der Umgebung gezielt und automatisch aussortieren. Unwichtiges unbeachtet lassen und das Wichtige hervorheben. Die Information, dass sich in unmittelbarer Nähe ein Wolf befindet war da klarerweise wichtiger als jene, dass die Blätter auf den Bäumen grün sind und im Wind rascheln. Beides wurde auf gleicher Ebene wahrgenommen aber das Gehirn entscheidet quasi was es für wichtig empfindet und dir deutlich bewusst macht. Diesen Vorgang nennt man selektive Wahrnehmung.

Diese selektive Wahrnehmung war also früher, in der Urzeit, überlebensnotwendig. Heute ist das nicht mehr so, aber unser Gehirn selektiert trotzdem brav weiter. So entstehen dann solche Situationen, dass eine schwangere Frau plötzlich überall nur mehr andere ebenfalls schwangere

Frauen sieht. Und das liegt nicht daran, dass es davon plötzlich so viele in ihrer Umgebung gibt, sondern an der selektiven Wahrnehmung.

Diese selektive Wahrnehmung hängt also auch stark mit unserem Glück und unserer Zufriedenheit zusammen. Angenommen, wir wären jeden Tag so krass auf alles Gute in dieser Welt, in unserem Leben, fokussiert, dann kämen wir aus dem Grinsen gar nicht mehr heraus. Denn unser Gehirn wäre so voll von Dankbarkeit all den schönen Dingen gegenüber, dass da gar kein Platz mehr frei wäre für die negatvien Dinge, oder den 30% die uns noch fehlen.

Also worauf der Mensch seinen Fokus legt, hängt intensiv mit unserem Befinden zusammen. Stichwort Glücks- oder Pechtag. Das sind im Grunde genau dieselben Tage, und der Ablauf ist an beiden Tagen relativ ähnlich, nur liegt am Glückstag der Fokus auf dem Positiven und beim Pechtag oder bei der Pechsträhne liegt er auf dem Negativen.

Also müsste das theoretisch bedeuten, dass wir Menschen dazu in der Lage sind unser Glück zu beeinflussen. Einerseits indem wir auf all das blicken, was wir bereits um uns haben oder besitzen und andererseits eine tiefe Dankbarkeit dafür zu entwickeln. Auch trägt es zu unserem Glück bei, dass wir in allen drei Lebensbereichen, das bedeutet privat, persönlich und arbeitstechnisch ein Leben leben, welches mit unseren Werten und Grundbedürfnissen übereinstimmt.

Unsere Glückshormone

Wie entsteht eigentlich Glück in unserem Körper?

Grundsätzlich hat unser Körper vier verschiedene Glückshormone zur Verfügung: *Dopamin, Endorphin, Oxytocin* und *Serotonin*. Jedes einzelne davon löst ein gutes aber jeweils anderes Gefühl bei uns aus.

Der Ursprung des Glücksgefühls liegt beim Menschen, wie alle anderen Gefühle auch, im limbischen System. Dort werden gewisse Substanzen ausgeschüttet um uns gewisse Dinge zu signalisieren. Wenn uns also etwas gutes widerfährt, dann werden im limbischen System diverse Glückshormone ausgeschüttet, damit wir uns künftig wieder in dieselbe Situation begeben, da sie uns ja gut tut. Auch diese Eigenschaft kommt noch aus der Urzeit, als es noch ums pure Überleben ging.

Dementsprechend motiviert jedes unserer Glückshormone eine andere Art des Überlebensverhalten:

Dopamin steht für die Motivation etwas zu bekommen auch wenn es Anstrengung und Energie kostet. *Endorphin* wird ausgeschüttet um den Schmerz zu mindern, damit der Mensch z.B trotz einer Verletzung in der Lage ist die Flucht zu ergreifen. *Oxytocin* wird ausgeschüttet wenn wir gesellschaftliche, soziale Bindungen eingehen, da ein Rudel früher auch bessere Überlebenschancen hatte. Das letzte der vier Glückshormone ist das bekannte *Serotonin*, welches dazu motiviert soziale Anerkennung zu suchen, was die Fortpflanzung und den Platz in der Rangordnung begünstigt.

In den folgenden Kapiteln möchte ich nun aber noch genauer auf die einzelnen Glückshormone eingehen.[2]

Dopamin

Wie vorhin schon kurz angeschnitten, sorgt Dopamin dafür, dass wir im richtigen Moment unsere Energie investieren können. Früher wurde die Energie während der Nahrungssuche gespart und wenn eine Beute in Sicht war wurde Dopamin ausgeschüttet und es galt „über die Beute herzufallen".

Heutzutage müssen wir uns zwar nicht mehr unbedingt auf Nahrungssuche begeben, aber das menschliche Gehirn sucht trotzdem ständig nach möglichen Belohnungen. Und sobald solche potentiellen Belohnungen gefunden werden, wird Dopamin ausgeschüttet um dem Körper die nötige Energie und Motivation zu geben, um diese „Belohnung" zu erhalten.In unserer Zeit gilt derselbe Effekt auch wenn es um unsere individuelle Zielsetzung geht. Gewisse Menschen die sich wichtige Ziele (also eine potentielle Belohnung) setzen, sind dank dem ausgeschütteten Dopamin zu unglaublichen Leistungen in der Lage.

Unser Gehirn entscheidet also permanent was uns die Anstrengung wert ist und wann es besser ist unsere Energie für irgendwas anderes aufzusparen. Und diese Entscheidung wird uns durch die Ausschüttung von Dopamin signalisiert: „Jetzt heißt es Einsatz zu bringen!"

Wann wird Dopamin ausgeschüttet?

Untersuchungen an Menschenaffen zeigen, dass dann Dopamin ausgeschüttet wird, wenn sie sich Belohnungen nähern. Also sobald der Affe eine Frucht sieht, die er erreichen könnte, wird Dopamin ausgeschüttet. Beim Marathonläufer wird Dopamin ausgeschüttet sobald er die Ziellinie sieht. Man kennt dieses Gefühl vermutlich selber vom wandern zum Beispiel, sobald einem bewusst ist, es ist nicht mehr weit bis zum Gipfel, dann bekommt man meistens noch so einen Schub an Motivation und das letzte Stück wird gar nicht mehr als anstrengend wahrgenommen. Deshalb geht es beim Sportmentaltraining oft darum gewisse Zielbilder intensiv zu visualisieren um denselben Effekt wie der Blick auf das tatsächliche Ziel zu ermöglichen.

In welchen Situationen unser Körper Dopamin ausschüttet, also in welchen Situationen der Körper eine potentielle Belohnung erkennt, hängt von unseren bereits gemachten Erfahrungen zusammen. Im Gehirn des Menschenaffen wird demnach erst Dopamin ausgeschüttet wenn er eine Frucht sieht, und diese schon mal zuvor gegessen hat und gemerkt hat „die schmeckt mir, die tut mir gut und spendet Energie". Erst nach so einer positiven Erfahrung entsteht im Gehirn eine neuronale Verindung und diese Frucht wird als Belohnung abgespeichert.

Dazu kommt noch, dass unser Gehirn zwischen seltenen und häufigen Belohnungen unterscheidet. Unser Gehirn findet, dass eine leicht erhältliche Belohnung nicht so viel Energie wert ist, wie eine schwer erhältliche Belohnung. Somit wird bei dem Anblick der leicht erhältlichen Belohnung nur wenig Dopamin ausgeschüttet, während bei der schwer erhältlichen Belohnung weit aus mehr Energie nötig ist, um diese zu erreichen, also wird in solchen Situationen dann dementsprechend mehr Dopamin ausgeschüttet. Dadurch ist es Menschen in extremen Notsituationen möglich extreme Dinge zu tun. Zum Beispiel eine Mutter, der es möglich ist ein Auto anzuheben, weil ihr Kind in Lebensgefahr ist. Um so etwas überhaupt zu ermöglichen sind natürlich Unmengen an Dopamin erforderlich, die der Frau in dem Moment die Energie und die Kraft geben ein Auto anzuheben.

Forscher führten folgendes Experiment an Menschenaffen durch und machten somit eine für die Glücksforschung wesentliche Entdeckung:

Die Tiere wurden darauf trainiert gewisse Aufgaben zu erledigen und wurden danach belohnt. In den ersten Tagen wurden sie mit Spinat belohnt. Ein paar Tage später wurden sie dann statt mit Spinat mit Saft belohnt, was für die Affen eine unerwartet größere Belohnung war, deshalb ging ihr Dopaminspielgel in die Höhe. Als sie die folgenden Tage immer wieder mit dem Saft belohnt wurden, fiel der Dopaminspiegel der Affen schon bald wieder zurück auf null.

Das heißt die Affen nahmen den Saft als selbstverständlich war, was wiederum bedeutet, dass keine Notwendigkeit an Dopamin besteht, wenn es keine neuen Informationen gibt. Interessant war auch, dass als die Forscher ein paar Tage später die Belohnung wieder auf Spinat umstellten, die Affen anfingen zu kreischen und protestieren. Sie waren besseres gewohnt und der Spinat machte sie nun nicht mehr „glücklich". [3]

Diese Experiment gibt mir persönlich eine gewisse Erklärung dafür, warum wir Menschen immer zu noch mehr und noch besserem tendieren, anstatt einfach dankbar und glücklich mit dem zu sein was bereits da ist. Um weiter Dopamin auszuschütten braucht unser Gehirn eben ständig neue Reize und Belohnungen. Das erklärt auch warum Sportler nach einem großen Wettkampf in ein tiefes Loch fallen können, weil da einfach in dem Moment keine Aussicht auf irgendeine vergleichbar große Belohnung oder Aufgabe vorhanden ist.

Wodurch werden neue Dopamin-Schaltkreise gebildet?

Um die Ausschüttung von Dopamin zu vermehren sollte man damit beginnen seine Erfolge zu feiern. Es müssen keine Riesenerfolge sein, es reicht wenn man sich jeden Tag ein paar Punkte auf eine Liste setzt und wenn die erledigt sind, dann darf man sich freuen und sagen „Ich habs geschafft!". Das bedeutet nicht, dass man den Bezug zur Realität verlieren soll. Man soll also einfach aufmerksam sein und sich auch den kleineren Erfolgen bewusst sein und diese schätzen. So wie wir uns meistens bei jedem kleinen Misserfolg genauso kurz ärgern. Sich über kleinere Erfolge zu freuen löst mehr Dopamin aus als sich ein Mal extrem über einen Riesenerfolg zu freuen.

Darum ist es vorallem im Mentaltraining zB bei der Zielsetzung wichtig, dass man sich stets über den Fortschritt freut und sich nicht bis zum Ziel jegliche Freuden verwehrt. Denn wenn dann irgendwas nicht so funktioniert wie es geplant war und das gesamte Glück auf diesem einen Ziel basiert, dann kann das auch richtig frustrierend werden.

Darum ist es auch wichtig sich auf längeren Zielwegen viele kleine Zwischenziele, sogenannte Milestones, setzten um stets motiviert zu bleiben. Mit kleinen Schritten auf große Ziele zugehen ist meistens am effektivsten. Eine weitere Methode wäre es, sich jeden Tag 10 Minuten einer gewissen Sache zu widmen. Selbst wenn es nur 10 Minuten sind und man sich dieses Ziel vorstellt oder ein kleines Ziel erreicht wird immer etwas Dopamin ausgeschüttet. Das Gehirn gewöhnt sich recht bald an diese kleinen Mengen an

Dopamin, weshalb sich bald eine neue *Gewohnheit* bildet. Es wäre auch eine Möglichkeit sich unangenehme Situationen wie Kleiderkasten neu ordnen etc zu widmen. Einfach jeden Tag 10 Minuten darin investieren und durch die positive Erwartung aufs Endergebnis wird das Gehirn die unangenehme Situation mit einem angenehmen Gefühl (Dopamin) ergänzen.[4]

Endorphin

Man könnte das Gefühl, welches durch die Ausschüttung von Endorphinen entsteht mit einem Gefühl der Euphorie gleichsetzen. Ausgelöst wird die Ausschüttung dieses Glückshormons jedoch von körperlichem Schmerz. Endorphine verdecken für kurze Zeit den Schmerz. Einem verletzen Tier ist es durch die Ausschüttung von Endorphin möglich trotz einer Verletzung weiter zu laufen, also zu flüchten. Man kennt das Gefühl von Endorphinen in solchen Situationen wo man sich irgendwo verletzt hat, es aber erst nicht merkt, man hat es gar nicht erst gespürt. Das ist die Wirkung von Endorphin.

Der menschliche Körper hat als eine Möglichkeit gefunden, wie er mit akuten Krisensituationen umgeht. In der positiven Euphorie als auch im tiefsten Leid. Sobald der Mensch sich in einer intensiven Situation befindet, egal ob positiv oder negativ, wird das körpereigene Endorphinsystem aktiviert und es werden körpereigene Opioide im Blut freigesetzt. Diesen Zustand erreicht der Mensch nur bei grenzüberschreitender, körperlicher Belastung, beim Orgasmus oder anderen intensiven Hoch- beziehungsweise Tiefpunkten im Leben.[5]

Die Wirkung hält jedoch nicht lange an, da der Schmerz für unser Überleben sehr wichtig ist. Schmerz signalisiert mir, dass irgendwo an meinem Körper etwas überhaupt nicht in Ordnung ist und Heilung bedarf. Es wäre schließlich nicht sehr zuträglich zu unserem Überleben wenn wir auf gebrochenen Beinen tagelang weiter laufen würden.

Wissenschaftler nannten die Endorphine bei ihrer Entdeckung *endorgene Morphine*. Das liegt daran, dass das Endorphin den Opiaten sehr ähnlich ist, jedoch körpereigens produziert wird. Heroin und ähnliche Substanzen zeigen nur deshalb Wirkung auf uns, weil sie auf unsere natürlichen Endorphinrezeptoren passen.

Im Alltag wird normalerweise nur wenig Endorphin ausgeschüttet. Durch

Lachen, Weinen oder vernünftige Anstrengung werden kleine Mengen ausgeschüttet. Es wird nur dann vermehrt ausgeschüttet, wenn man über seine Belastungsgrenze hinaus geht. Bei den Läufern nennt man das beispielsweise ein „Läuferhoch" welches aber nicht jeden Tag beim Joggen passiert, sondern wenn der Läufer sich über seine Grenzen hinweg setzt.[6]

Grundsätzlich tun wir unserem Körper etwas gutes wenn wir Sport treiben. Dies Muskeln und unser gesamter Organismus werden aktiviert und trainiert. Spitzensport hat jedoch nichts mehr mit „normalem" Sport zu tun. Im Spitzensport geht es ausschließlich darum, durch extrem intensives Training immer mehr Leistung zu bringen. Körperliche Grenzen werden ausgeweitet oder sogar überschritten.

Die Sportler verlieren hierbei das Gespür dafür die körperlichen Warnsignale wahrzunehmen und darauf zu reagieren. Der menschliche Körper ist sehr belastbar, braucht jedoch um gut funktionieren zu können aktive und passive Phasen. In den aktiven Phasen wird Leistung gebracht und wenn die Energie langsam weniger wird, werden diverse Hormone ausgeschüttet. Dies geschieht einerseits um dem Körper noch die letzten Reserven zugänglich zu machen, andererseits auch um ihn zu warnen, dass es langsam angebracht wäre eine Pause zu machen. Da es im Spitzensport aber darum geht möglichst lange und mit möglichst viel Power durchzuhalten, werden diese Alarmsignale, sobald sie auftreten weggedämpft oder aufgeputscht. Dies kann durch einerseit mentales Training passieren oder durch künstliche Dopingmittel.

Spitzensportler gewöhnen sich also an gewisse Grenzerfahrungen was dazu führt, dass der Körper durch die permanente Überreizung auch durchgehenden Stress bedeutet. Meist wirkt es so, als wären die Spitzensportler kerngesund und topfit, doch es geschieht immer häufiger, dass während eines Wettkampfes, wo die Belastung physisch und psychisch noch höher ist als im Training, zum Beispiel ein plötzliches Herzversagen eintritt und der Sportler einfach tot und völlig ohne Vorwarnung umkippt, da er die Warnsignale seines eigenen Körpers nicht mehr wahrnehmen konnte.[7]

Wodurch werden neue Endorphin-Schaltkreise gebildet?

Lachen erzeugt eine unkontrollierte Erschütterung unserer Innereien was dazu führt, dass kleine Mengen Endorphin ausgeschüttet werden. Durch Fake-Lachen bzw höhnisches Lachen wird keines freigesetzt. Lachen ist körpersprachlich oft auch eine Befreiung von Angst. Wenn man zum Beispiel an gefährliche Situationen zurückdenkt, die aber letzendlich gut ausgegangen sind. Oftmals lacht man dann anschließend und sogar noch wenn man die Story im Nachhinein jemandem erzählt. Eine Art erleichtertes lachen.

Auch weinen ist eine gewisse körperliche Antrengung und löst somit Endorphin aus. Es wird auch eine Menge an Stresshormonen, wie Cortisol, ausgeschüttet. Aber oft wird dem Drang zu weinen in unserer Gesellschaft vorallem bei Männern nicht nachgegeben. Wenn das passiert bleibt die Spannung im Körper anstatt sich zu lösen. Jeder kennt das „gute Gefühl" wenn man sich mal so richtig ausgeweint hat; das entsteht durch das ausgeschüttete Endorphin. Auch bei der Geburt ist weinen sehr hilfreich, weil die Schmerzen durch das Endorphin deutllich gemindert werden.

Ebenfalls beim Sport und sogar beim Stretching wird Endorphin ausgeschüttet. Der Schlüssel liegt in der Abwechslung. Wer immer neue Übungen im Training einbaut, der wird immer wieder neue Endorphin Reize haben.[8]

Oxytocin

Das Gefühl welches durch die Ausschüttung von Oxytocin in uns entsteht ist jenes, welches wir dann empfinden wenn wir jemandem unser Vertrauen schenken. Umgangssprachlich wird Oxytocin auch als das „Kuschelhormon" bezeichnet. Auch wenn uns jemand vertaut oder wir das Gefühl haben irgendwo dazu zu gehören fließt Oxytocin. Das kommt daher, dass soziales Vertrauen und Zusammenhalt einer Gruppe früher für das Überleben enorm begünstigte. Deshalb wird in diesen Situationen Oxytocin ausgeschüttet, um uns ein gutes Gefühl zu geben, damit wir auch in Zukunft auf weitere soziale Bindungen achten werden.

Da es aber nicht unbedingt günstig wäre jedem zu vertrauen analysiert unser Gehirn ständig diverse soziale Strukturen und schüttet nur manchmal wenn es für „gut und richtig" empfunden wird Oxytocin aus.

Man stelle sich einen Hund vor der in die Küche zum Futternapf gehen will. Direkt davor sitzt aber eine fremde Katze. Nun mustern sich der Hund und die Katze und wägen die Gefahr die der andere darstellen könnte ab. Sobald die Tiere entscheiden, dass der andere keine Gefahr darstellt wird Oxytocin ausgeschüttet und der Hund fühlt sich nun sicher dabei sich dem Futter zu nähern. Die Gefahr im Rudel zu leben ist kleiner, da mehrere Tiere gleichzeitig nach Bedrohungen Ausschau halten können. Dementsprechend können sich die einzelnen Tiere etwas mehr entspannen. Sobald ein Säugetier sein Rudel verliert wird Cortisol ausgeschüttet und das Tier wird verängstigt nach dem Rudel suchen. Sobald dieses dann gesichtet wird, wird eine große Menge an Oxytocin ausgeschüttet, um dem Tier ein gutes Gefühl zu vermitteln, sofern es bei seiner Herde bleibt.

Oxytocin wird auch immer bei einer Geburt und dem folgenden Körperkontakt ausgeschüttet, was der Mutter dabei hilft besonders gut auf ihr Baby aufzupassen. Auch bei dem Baby steigt währenddessen der Oxytocinspiegel, weshalb es sich unbewusst intensiv an die Mutter bindet, die ja für ein Neugeborenes lebensnotwendig ist. Im Laufe der Zeit bindet sich das Baby auch immer mehr an das Rudel oder die Herde. Auch Berührungen sorgen für die Ausschüttung von Oxytocin, dem der Zuneigung gibt und dem der sie erhält wird dadurch ein gutes Gefühl vermittelt und beide ziehen somit einen Vorteil aus der Situation.

Im Vergleich zu einem Reptiliengehirn ist das Gehirn eines Säugetieres noch nicht vollständig mit Informationen zum Überleben versorgt. Stattdessen werden die Jungen der Säugetiere „dumm" geboren, weshalb es so wichtig für den Nachwuchs ist sich durch Oxytocin an das Muttertier zu binden um seine Fähigkeiten im Laufe der Zeit durch beispielsweise Nachahmung lernen zu können.

In der Natur verbringen alle Mitglieder eines Rudels und deren Nachwuchs ihr Leben gemeinsam und meist auch immer an demselben Ort. Darum entstehen bei uns heutzutage zum Beispiel Gefühle wie Sehnsucht, da wir die starke Bindung die wir seit der Geburt zu unserer Mutter und später auch zu anderen Familienmitgliedern, Freunden und Umfeld aufgebaut haben quasi vernachlässigen. Früher hätte soetwas unserem Überleben geschadet, darum verursacht ein Umzug in fremde Städte oder Länder manchmal solche unangenehmen Gefühle.

Wodurch werden neue Oxytocin-Schaltkreise gebildet?

Oxytocin wird ja durch soziales Vertrauen ausgeschüttet. Selber ist es aber nicht immer einfach soziales Vertrauen „zu erhalten", deswegen gibt es sogenannte Stellvertreter. Das wären beispielsweise Tiere, Menschenmassen oder digitale Freundschaften. Durch die Stellvertreter wird zwar nicht gleich viel Oxytocin ausgeschüttet wie bei tatsächlichem menschlichen Vertrauen. Das Vertrauen zu einem Haustier ist natürlich auch um einiges risikoloser als jenes zu einem Menschen, da Tiere meist egal was passiert beim Besitzer bleiben. Wir fühlen uns gut wenn in der Bar in der ich gerade sitze „ordentlich was los ist" da das eine abgemilderte Form des menschlichen Vertrauens ist.

Um das Vertrauen zu einem anderen Menschen aufzubauen braucht es viele kleine Milestones. Ein Milestone ist jeweils eine kleine positive Erfahrung in Bezug auf die Person. Das könnten an einem Tag ein paar freundliche Worte, am nächsten ein Lächeln etc sein. So werden immer kleine Mengen an Oxytocin freigesetzt und es entsteht eine Bindung. Je mehr solcher Referenzerlenisse man mit jener Person hat, desto stärker wird diese Bindung. Diese Techik kann auch eingesetzt werden, wenn das Vertrauen zu einer bestimmten Person geschädigt wurde, um es wieder aufzubauen oder zumindest wieder eine Grundlage zu schaffen. Eine weiter einfache Möglichkeit um die Ausschüttung von Oxytocin zu bewirken ist es einfach für andere da zu sein, jemanden mit einem guten Rat beiseite stehen oder ähnliches. Auch Körperkontakt wie zB eine Massage führt zur Ausschüttung von Oxytocin, es ist also möglich sich selber das Gefühl zu kreieren.[9]

Serotonin

Warum streben wir stets nach sozialer Anerkennung? Weil die Ausschüttung von Serotonin dafür sorgt, dass es sich gut anfühlt. Das kommt daher, dass soziale Anerkennung, welche zu sozialer Dominanz führt, das Überleben, die Fortrpflanzung etc. begünstigt. Aktiv denkt unser Gehirn natürlich nicht an unsere Gene, sondern das Gehirn eines Säugetieres sucht einfach ununterbrochen nach Situationen und Dinge die sich gut anfühlen.

Wodurch werden neue Serotonin-Schaltkreise gebildet?

Soziale Anerkennung gibt es bei den meisten nicht ganz so regelmäßig im Alltag. Auch hierfür gibt es aber einige Stellvertreter, die die Ausschüttung von Serotonin bedingen können. Einer dieserr Stellvertreter ist Stolz. Stolz auf eine eigene Leistung zu sein ist mit der Anerkennung von anderen sehr ähnlich. Unabhängig davon wieviel soziale Anerkennung ich in meinem Alltag erfahre, wird unser Gehirn immer weiter danach verlangen. Gerade deshalb ist es sehr nützlich wenn man dazu in der Lage ist stolz auf sich zu sein und sich diese Anerkennung quasi einfach selber zu geben. Eine weitere Methode Serotonin zu genießen ist es, sich permanent bewusst zu sein welche solziale Position wir gerade einnehmen und deren jeweilige Vorteile. Diese Position ändert sich von Situation zu Situation, von Mensch zu Mensch also praktisch dauernd. Darum sollte man wissen, wie man aus jeder dieser unterschiedlichen Positionen seinen Vorteil ziehen kann. Es macht ein viel besseres Gefühl entspannt in einer gewissen Position „festzustecken" als sich permanent davon irritieren zu lassen. Den positiven als auch negativen Einfluss den wir auf andere Menschen haben, beeinflusst genauso unser Serotonin. Immer wenn einem gerade bewusst wird, dass jemand dem eigenen Beispiel folgt, dann fühlt man sich gut, aufgrund von Serotonin.

Literaturverzeichnis

[1] https://www.duden.de/rechtschreibung/Glueck 17.01.19,13:15:53

[2] Breuning, Loretta Graziano: Die Chemie des Glücks. Wie wir unsere Hormone beeinflussen und das Gehirn dauerhaft auf Glücklichsein einstellen. 1. Aufl., Mvg Verlag, München 2019. S.13-17

[3] Breuning, Loretta Graziano: Die Chemie des Glücks. Wie wir unsere Hormone beeinflussen und das Gehirn dauerhaft auf Glücklichsein einstellen. 1. Aufl., Mvg Verlag, München 2019. S.32-42

[4] Breuning, Loretta Graziano: Die Chemie des Glücks. Wie wir unsere Hormone beeinflussen und das Gehirn dauerhaft auf Glücklichsein einstellen. 1. Aufl., Mvg Verlag, München 2019. S.169-174

[5] Bartens, Werner: Körperglück. Glücksmedizin. Was wirklich wirkt. Einmalige Sonderausgabe, Mai 2018, Droemer Knaur GmbH & Co KG, München. S.86-88

[6] Breuning, Loretta Graziano: Die Chemie des Glücks. Wie wir unsere Hormone beeinflussen und das Gehirn dauerhaft auf Glücklichsein einstellen. 1. Aufl., Mvg Verlag, München 2019. S.47-50

[7] Bartens, Werner: Körperglück. Glücksmedizin. Was wirklich wirkt. Einmalige Sonderausgabe, Mai 2018, Droemer Knaur GmbH & Co KG, München. S.446-451

[8] Breuning, Loretta Graziano: Die Chemie des Glücks. Wie wir unsere Hormone beeinflussen und das Gehirn dauerhaft auf Glücklichsein einstellen. 1. Aufl., Mvg Verlag, München 2019. S.51- 183

[9] Breuning, Loretta Graziano: Die Chemie des Glücks. Wie wir unsere Hormone beeinflussen und das Gehirn dauerhaft auf Glücklichsein einstellen. 1. Aufl., Mvg Verlag, München 2019. S.185-196

BEI GRIN MACHT SICH IHR WISSEN BEZAHLT

- Wir veröffentlichen Ihre Hausarbeit, Bachelor- und Masterarbeit

- Ihr eigenes eBook und Buch - weltweit in allen wichtigen Shops

- Verdienen Sie an jedem Verkauf

Jetzt bei www.GRIN.com hochladen und kostenlos publizieren